Step2 如何對待日本觀光客

日本人観光客の扱い方

場合設定

環境設定

才交談兩三句，立刻可以成為朋友的台灣人。
容易忽冷忽熱卻是個小缺點。

很難立即成為好朋友的日本人，
一旦成為好朋友，很可能就是一輩子的交情。

捕獲後，不要立即表現得太熱情，
稍加理解日本人的習性喜好，
再慢慢培育彼此的友情。
要成為朋友需要製造必要的情境。

ちょっと話したら、すぐお友達になれる台湾人。
でも、熱しやすくて冷めやすいのが玉にキズ。

なかなかすぐに深い仲にはなれないけど
一旦仲良くなると一生関係を続けることも可能な日本人。

捕獲後は、あまり熱くならずに
日本人の好みを 少し理解し
友情を育みましょう。
お友達になるのに必要な環境を作ってください。

用餌誘惑

這些東西很受歡迎

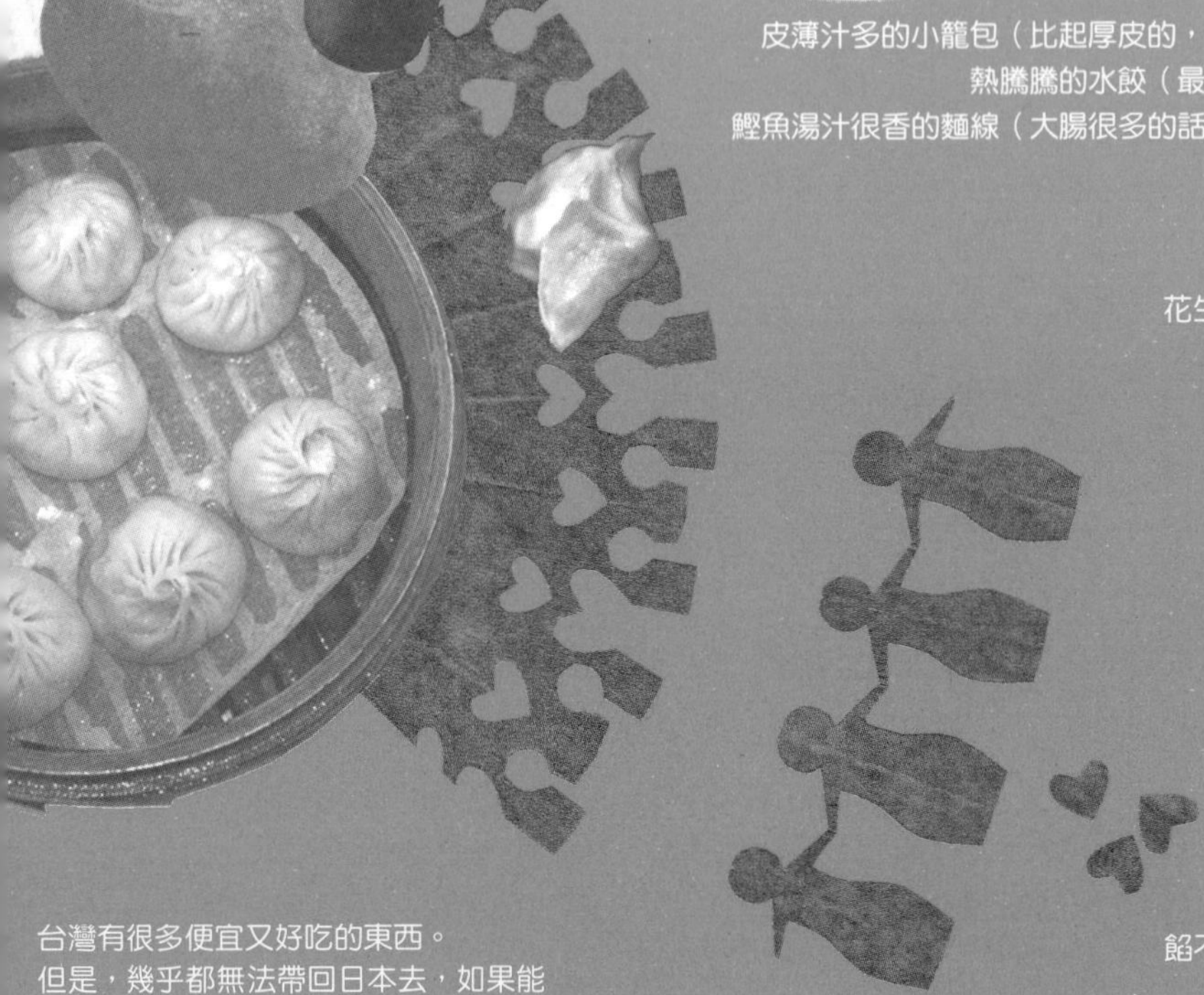

皮薄汁多的小籠包（比起厚皮的，薄的比較有人氣）
熱騰騰的水餃（最好是能現煮現吃）
鰹魚湯汁很香的麵線（大腸很多的話，可能讓人卻步）
剛炸好的天婦羅
水煎包
胡椒餅
花生粉不會甜的潤餅
蔥抓餅
蘿蔔絲餅
飯糰
豆漿
蛋餅
茶葉蛋
魯肉飯
粽子
芒果
木瓜
荔枝
鳳梨
釋迦
餡不會太硬的鳳梨酥
綠豆椪
豆花
珍珠奶茶
芒果冰
現榨 100%新鮮果汁
福州乾麵
刀削麵
炸醬麵
自助餐
擂茶
……列舉出無法帶回日本的食物。除了小籠包外其他都很便宜。

台灣有很多便宜又好吃的東西。
但是，幾乎都無法帶回日本去，如果能讓日本人想再吃一次，他們就上勾了。日本人會搭飛機自動再來到台灣。請大方地跟日本人說知道好吃的店，並且帶他們去那些日本人不知道的店。

台湾には、安くておいしい物がいっぱい。でも、食べ物はほとんどが持ち帰れないので、もう一回食べたいと思わせたら、もうコッチのもんです。日本人は飛行機に乗って、自動的にまたやってきます。おいしいお店を知っていると言って、どんどん日本人の知らない店に連れて行ってあげてください。

餌で釣る

こんなのがウケがいい

薄皮の肉汁たっぷりの小籠包（皮が厚いのより、薄いのが好き）
熱々水餃子（茹でたてをその場で食べさせるのがいい）
カツオだしのたっぷり効いた麺線（大腸たっぷりだと、ちょっと引くかも）
揚げたてのさつま揚げ
水煎包
胡椒餅
甘くない潤餅
葱抓餅
蘿蔔絲餅
飯団
豆乳
蛋餅
茶葉蛋
肉魯飯
粽
マンゴー
パパイヤ
ライチ
パイナップル
釈迦頭
餡が硬過ぎないパイナップルケーキ
緑豆饅頭
豆花
タピオカミルクティー
マンゴーかき氷
その場で絞る 100%のフレッシュジュース
福州乾麺
刀削麺
ジャージャー麺
自助餐
擂茶
…と、持ち帰れないものを挙げてみました。小籠包以外は安上がりです。

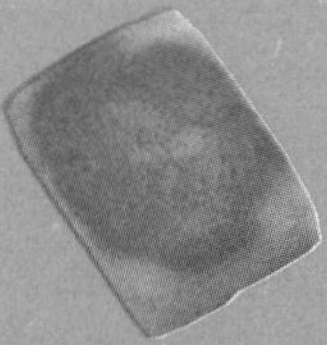

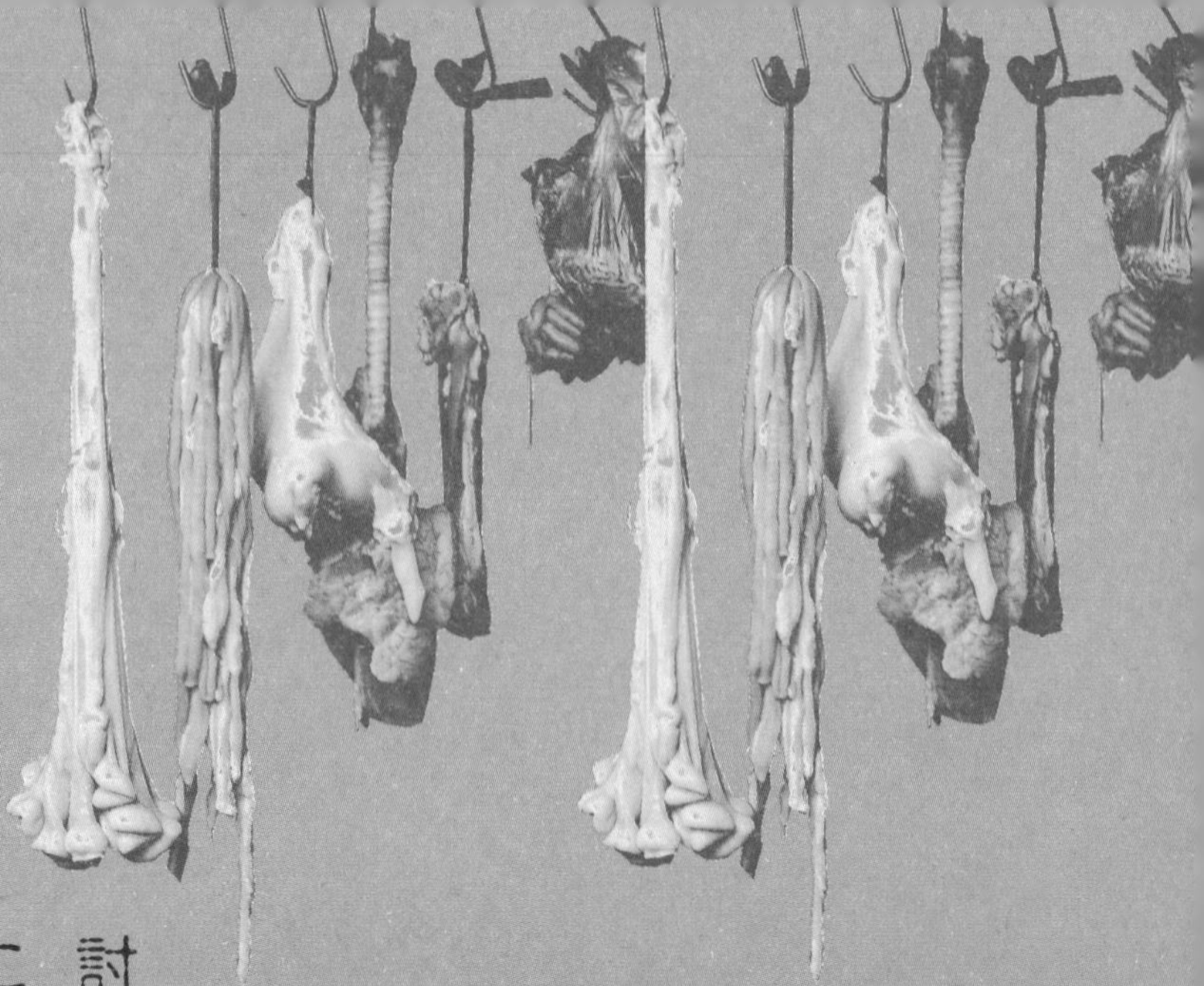

討厭這些東西

こんなの嫌い

日本人也有討厭的東西，請稍加留意。

日本人の嫌いな物もあります。
ちょっと気に留めておいて下さい。

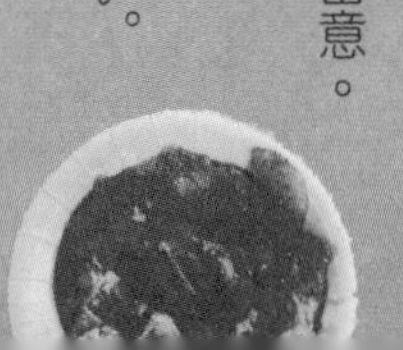

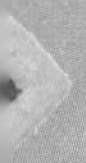

〈內臟類、雞腳、豬腳、鴨血豬血〉

（雖然最近喜歡的人似乎變多了……）

原因：看起來很可怕。很臭。看不習慣。吃不習慣。放入嘴裡前，連手都不敢去碰（只有我不敢碰？）。


〈臭豆腐〉

（我超愛。）

原因：臭。一想到這種從來不曾聞過的味道竟然從食物裡飄出來就覺得恐怖。


〈粉紅色的醬〉

（蚵仔煎上淋的又甜又濃稠的醬。看到這種醬會覺得不耐煩的人只有我嗎？）

原因：我想那粉紅色應該是人工色素吧，似乎對身體不好。太甜。味道不上不下。這種醬一加下去，簡直是對不起這道菜，太失禮了，把原來料理的味道都破壞光了。日本人對醬汁的感覺是辣的 鹹的或又甜又鹹。這種不上不下的甜醬，餐桌上根本不需要。

〈内臓系、鶏の脚、ブタの脚、血の固めたの〉
（最近は、好きな人も多くなってきたけど……）
理由：見た目がコワイ。臭い。見慣れてない。食べ慣れてない。口に入れる前に、手で触れない（私だけ？）。

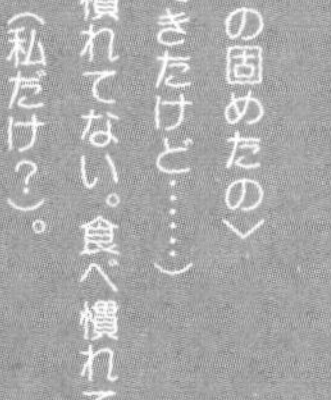

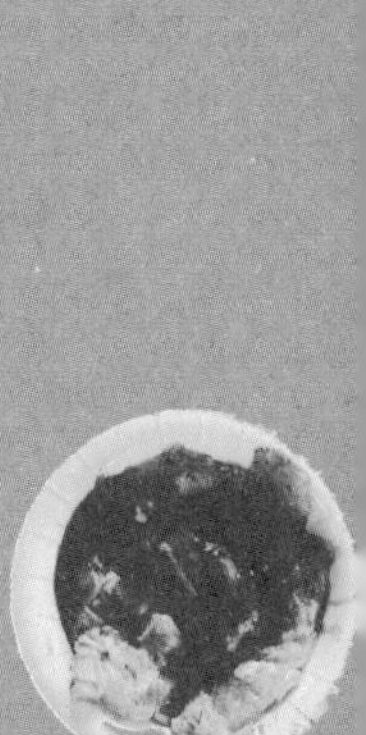

〈臭豆腐〉
（私は大好き。）
理由：臭い。過去に嗅いだ事もないニオイが、食べ物から放たれていると思うと恐い。

〈ピンクのタレ〉

（牡蠣のオムレツみたいなのにかかってる、甘くてトロっとしたタレ。このタレを見るとイラッとするのは私だけか。）

理由：あのピンクは合成着色料で色つけてると思う。身体に悪そう。甘過ぎ。味がはっきりしない。かける事によって、かけられた料理の味を台無しにする非常に失礼なタレ。日本人のタレのイメージは、辛いか、塩っぱいか、甘塩っぱい。中途半端に甘いものは、飯にはイラねえっ。

←這是從蚵仔煎上擷取下來的粉紅色的醬

←これは牡蠣オムレツの上から切り取ったピンクのタレ

・肉圓
原因：透明厚厚黏黏的外皮太大塊了，很難下嚥。為什麼非得要努力把這些「又厚又黏」的外皮吃掉才能吃到裡面的小小肉餡，而且這麼努力吃掉那「又厚又黏」的皮後，裡面的肉餡卻沒有特別吸引人。令人匪夷所思的食物。吃得很痛苦。

・海參（也有人愛吃）
原因：很像大便。

・便宜的炒飯（也有人可以接受）
原因：日本觀光客很期待道地的中華炒飯，但便宜的店大多都有臭油味。不是中華炒鍋太髒就是油放太久，讓日本人對在台灣各地都能吃到粒粒香 Q 美味的炒飯印象破滅。如果沒有臭油味，便宜的炒飯當然也 OK。

・冷食（當然也有不能吃太燙食物的日本人）
原因：很多日本人都很執著於熱的食物就要趁熱吃。因此，外帶的冷食有點缺乏吸引力。

・很油的東西
原因：日本的飲食原本就少油。不習慣什麼都要用油調理的食物，如果一直餵食，身體會越來越虛弱。

・又油又冷的東西
原因：完全無法想像。不可能存在。根本食不下嚥。尤其是冷掉的煎餃，簡直讓人失望透頂。

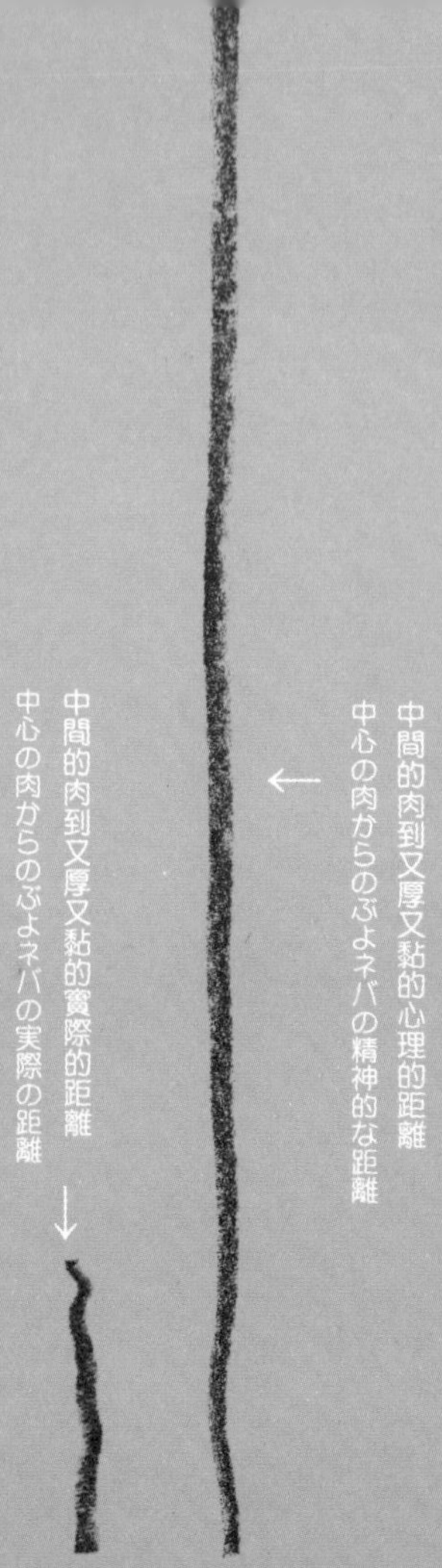

~ 中間的肉心理上的大小
中心の肉の精神的な大きさ

・肉圓
理由：透明のぶよぶよネバネバした部分がデカ過ぎ。食べにくい。なぜ、こんな思いをしてまで、奥の方に見える小さな肉餡の部分に到達しようと「ぶよネバ」を食べなきゃいけないのか、がんばって「ぶよネバ」を食べきっても肉餡が特にウマいわけじゃない。理解できない食べ物。ただ、辛い（つらい）。

・ナマコ（平気な人もいるけど）
理由：うんこみたい。

・安いチャーハン（平気な人もいるけど）
理由：本場の中華チャーハンには期待しているが、安い店だと油臭いことが多い。中華鍋が汚いか、油が古いことが多い。台湾では、ぱらっとした美味しいチャーハンがどこでも食べられるというイメージが崩れる。油が臭くなければ、安くてもオッケーだけど。

・冷めたもの（猫舌の日本人もいるけど）
理由：多くの日本人は、熱い物は熱いうちに食べることに執着している。
だからお持ち帰りで冷めた物は少し残念。

・油っこいもの
理由：日本の食事は、油控えめ。何でもかんでも油っこいのに慣れてないから、与え続けると身体の芯から弱っていく。

・油っこくて冷めたもの
理由：考えられない。ありえない。口に入れたくない。焼き餃子の冷めたのは、かなりガッカリ。

以上參雜了我個人的意見，一提到吃的我就停不住口。

以上。食べることになるとついつい熱くなっちゃう。個人的な意見が入ってしまった。

肉圓

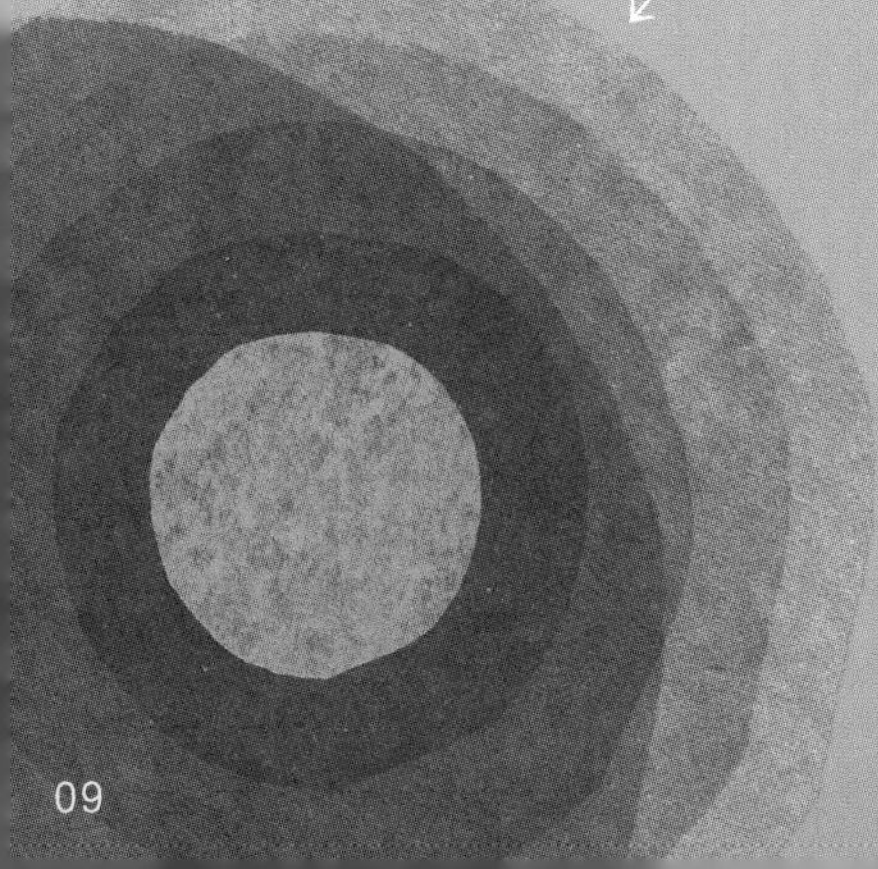

中心の肉の実際の大きさ
中間的肉實際上的大小

利用血拼的時間來建立友好的關係

ショッピングで友好関係を深める時間を稼ぐ

請帶他們到可以買當地土產的地方。利用前往目的地的途中一起相處的時間，告訴他們台灣的事，就能讓他們打開心扉。此時，日本觀光客傾向自己要用的會選擇質好量少的東西，送給別人的土產則偏向質差或是便宜的東西，所以如果帶他們去賣好貨的店和可以買大量便宜貨的店，他們一定會很開心。

＊送人的土產，即使看起來很便宜，也有人會認為「便宜的感覺反而可愛」。

お土産を買えるような場所に連れてってあげてください。目的地に達するまでの道中を一緒に過ごしたり、台湾の事を色々教えてあげると、心が打ち解けてきます。その際、日本人観光客は自分用には本当にいい物を少し買い、質の悪い物や安っぽい物は他人へのお土産にする傾向があるので、いい物を売ってる店と安物大量買い出来る店に連れてってあげると気が利くと思われます。＊人へのお土産では、安っぽい物を見ても「チープな感じが可愛い」などど、ウマいことをいう人もいます。

有賣可以當成伴手禮的菓子專門店
高級飯店地下樓有賣中國風的小東西的店
迪化街
茶店
永康街等賣中國風的服飾店
超市
賣中國風小東西的店
誠品書店
十元商店
光華市場
西門町
五分埔等。

おみやげになるようなお菓子を売ってる店
高級ホテルの地下にあるような中華風の小物を売ってる店
迪化街
お茶屋さん
永康街などの中華風の服を売ってる店
スーパー
中華小物を売ってるお店
誠品書店
十元ショップ
光華市場
西門町
五分埔等。

帶日本人去玩。
遊んであげる。

舊巷弄
路地

去保有日本老房子的舊巷弄，
或是觀光客很少，有當地生活感的小路散步，
都能讓日本人感到高興。老街更優。

日本家屋が残ってるような路地を少し通ると喜ぶ。または、観光客が歩かないような生活感がある通りを少し散策してあげると喜ぶ。老街はもっと喜ぶ。

機車
バイク

騎車載日本人，讓他們體驗台灣式的機車。下雨天看到騎士們把雨衣反穿或是戴著很炫的口罩，日本人也會很開心。

後ろに乗せて台湾風の運転をしてやると喜ぶ。雨の日にカッパを後ろ前に着るのや、派手なマスクも見るだけで喜ぶ。

夜市

在街上點痣的地方，
或是讓日本人看到警察一來到的瞬間，
攤販逃之夭夭的景象。

露天でホクロとりしてる所とか、
警察が来て逃げる瞬間の屋台の
人たちを見せると喜ぶ。

シャンプー 洗頭

最高興的應該是可以坐在椅子上洗頭，
洗到一半還會把泡泡拿去丟掉。
加上按摩的地方更棒。

椅子に座ってやるシャンプーは喜ぶ。
途中でシャンプーの泡を捨てに行くのも好き。
熱心にマッサージもしてくれる所ならもっと喜ぶ。

カラオケ KTV

讓日本人體驗台灣人的卡拉 OK
感受一下文化的差異。
注意，一小時就足夠了。

台湾人の特殊なカラオケで
カルチャーショックを与え
てあげると喜ぶ。
でも、一時間くらいで十分。

市場

可以到處試吃，免費一邊走就能吃到飽的地方。
菜上有驅逐蒼蠅轉啊轉的機器更佳。
更高興的是能看到一手拿著麵糰ㄉㄨㄞㄉㄨㄞ
現做春捲皮的地方，會高興得目瞪口ㄉㄨㄞ。

試食しまくって無料の食べ歩きでお腹いっぱい
にさせてあげると喜ぶ。
売ってるおかずの上でハエを追い払う、
くるくる回る機械も見せると喜ぶ。
春巻きの皮をぶよんぶよん作ってる
所を見せるともっと喜ぶよん。

泉

乾淨的地方比較好，湯的質好，
觀光客不常去的，
有台灣人鍋底的湯日本人都會很喜歡。

清潔な所がいいかもしれないけど、
お湯の質が良ければ、
日本人が行かないようなローカルな
台湾人の出汁が出たような風呂も喜ぶ。

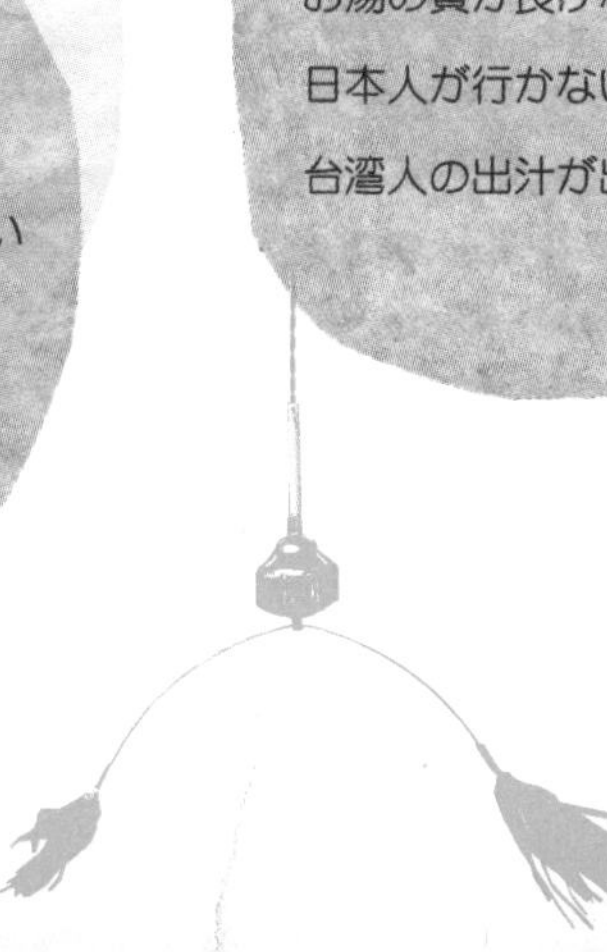

應對時的注意事項、
取り扱い上の注意

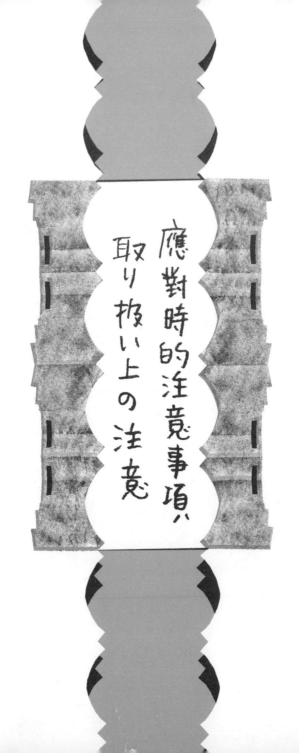

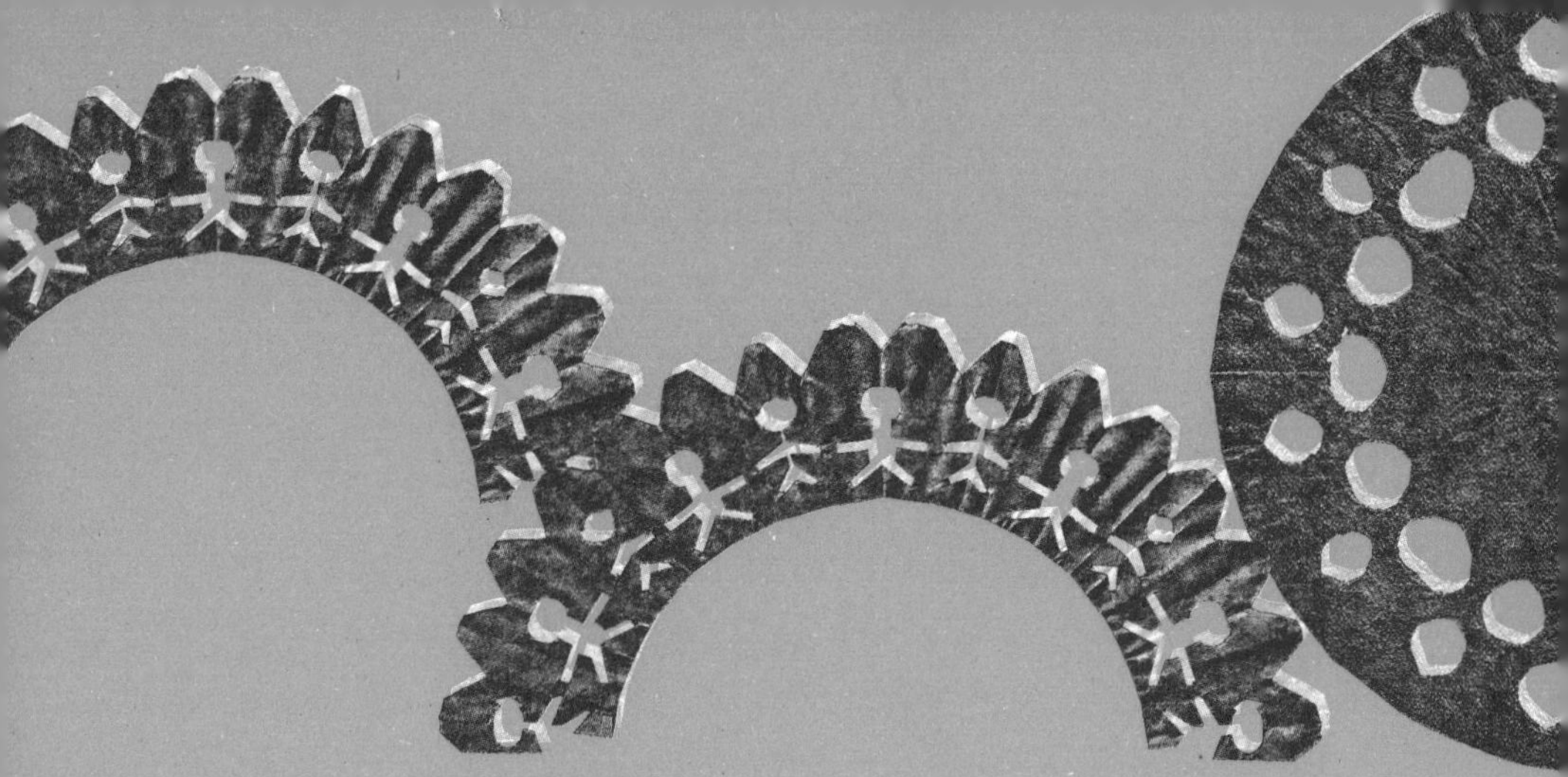

台灣人不知不覺間做出讓日本人討厭的事。
日本人雖然沒有惡意卻不小心得罪台灣人的事。
互相理解這些事，一定能夠順利成為好朋友。

台湾人が、知らぬ間にしてしまう日本人がいやがる事。
日本人が、悪気はないけどついしてしまう失礼な事。
お互い知っていれば、きっとウマくやっていい友達になれます。

・隨隨便便的時間概念

不能遲到。要約時，不能只大略地說「明天的下午」或是「當天再連絡」，一定要在前一天決定好見面的時間。日本人比較守時，對他們來說台灣是不熟悉的國外。有時會因為迷路或意料外的事而遲到。如果他們遲到了，可能是發生了什麼事情，最好關心一下。

・強迫餵食

日本人很難說No。不要再三推銷食物。不要強迫他們吃。量不要給太多。當他們說「好飽」時，請放過他們。如果幫他們把菜夾到盤子裡，日本人會覺得不吃很失禮，會硬是吃下去。因此，請不要餵太多食物，不然他們可能會對著你吐。觀光的第一天胃還很健康，如果身體開始疲倦的話，遇到這種事就像是被折磨。正因為明白台灣人的愛，所以更難以拒絕，但心底深處卻在吶喊著「你想害死我啊！」我對於強迫推銷食物的台灣人，不論人再怎麼好，我都盡量不跟他們一起去吃飯。如果想建立良好的關係，當聽到他們說不要時，請放過他們。

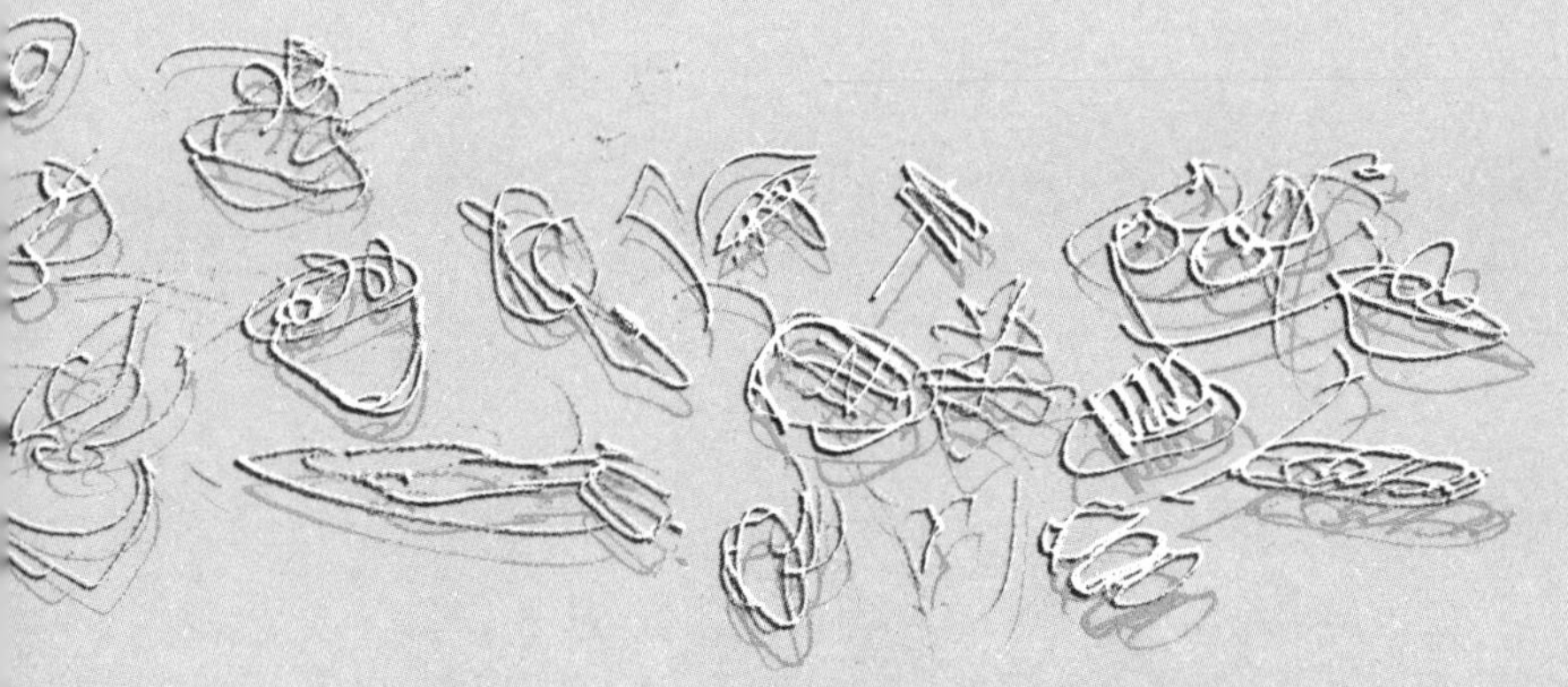

避開這些事吧。
やめましょう。

・適当な時間の感覚

遅れちゃダメです。約束をする時も、「明日の午後」とか「当日また連絡する」とかじゃなく、前日までにキッチリ時間を決めてあげましょう。日本人は比較的時間厳守しますが、台湾は異国の見知らぬ土地。道に迷ったりして、不本意にも遅れることがあります。遅れたら、何かが起こったと思って心配してもいいです。

・食の強要

日本人はNoと言えません。しつこく食べろと言わないでください。無理矢理食べさせないでください。たくさん量を与えないでください。「もうお腹いっぱい」と言ったら、解放してあげてください。お皿にとってあげたら、悪いと思ってガッツを見せて食べちゃいます。だから、どうぞたくさん御馳走しないでください。あなたに向かって吐くかもしれません。観光一日目はまだ、胃袋も健康ですが、疲れてきた所にこれをやられると拷問です。台湾人の愛だと、分かっているからこそ断れないのですが、腹の底

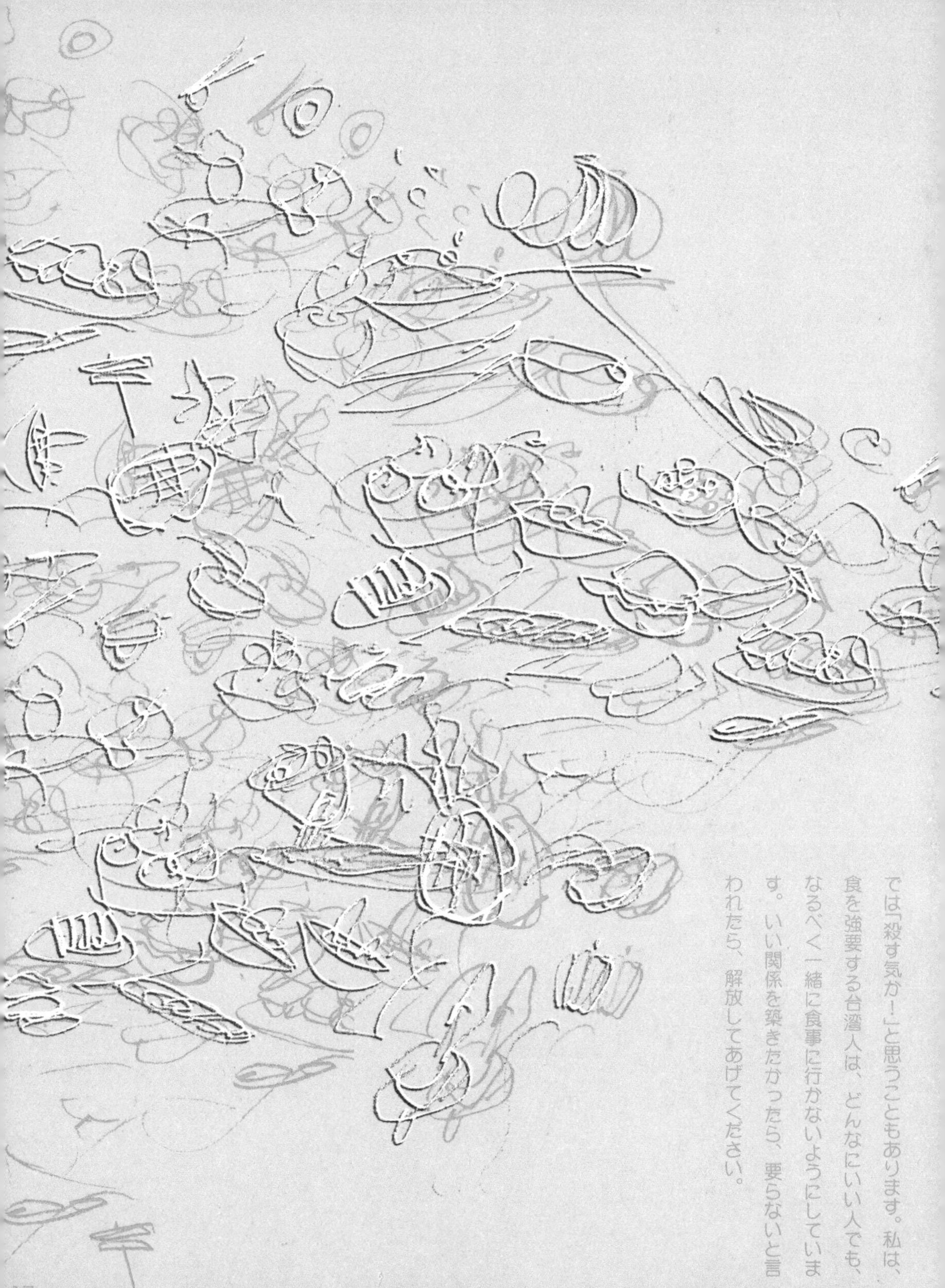

では「殺す気か！」と思うこともあります。私は、食を強要する台湾人は、どんなにいい人でも、なるべく一緒に食事に行かないようにしています。いい関係を築きたかったら、要らないと言われたら、解放してあげてください。

・要回信

台灣人常不回伊妹兒，這是很不好的習慣。如果是寄給不特定多數人的轉寄郵件就算了，不然的話，收到信最好要回信喔。如果對方是個性好的日本人，可能會開始有負面的想像，是伊妹兒錯了？被對方討厭？對方發生什麼不幸的事件所以無法回信？等等。但是，如碰到個性不好的日本人，事情可能會往壞的方向發展，像是會被認為「真是個沒禮貌的傢伙。」即使是簡單的幾句話也行，不要嫌麻煩而不回信。

・體內有什麼氣要釋放時請偷偷地放

不在人前放屁、打嗝、挖鼻孔是日本式的作風。

・亂用照片

餐廳的菜單和招牌上的照片，一看就知道不是這家店的料理。隨便從雜誌等擅自取來使用的照片，和想像中的都不一樣，不但搞笑且更讓人吃驚。

・返事は返す

台湾人はメールに返事をしませんね。悪い癖です。不特定多数の人に流すメルマガのような物であれば返事は要りませんが、貰ったメールには返事をしましょう。メールに返事がないのは、アドレスが間違っている？ 嫌われた？ 相手に不幸な事件が起こって連絡ができない？ とマイナスな妄想を広げます、相手が性格のいい日本人だったら。でも、もし、性格の悪い日本人だったら、「なんだ、失礼な奴だ。」と事態は悪い方向に進みます。簡単な一言でもいいので、面倒臭いでしょうが返事を返すように心がけてください。

・体内からなにか出す時はこっそりと

屁、ゲップ、鼻を掘るは、人目を忍んでするのが日本流。

「ㄅㄅㄅ… 沒有回信」

「ううう… 返事来ない。」

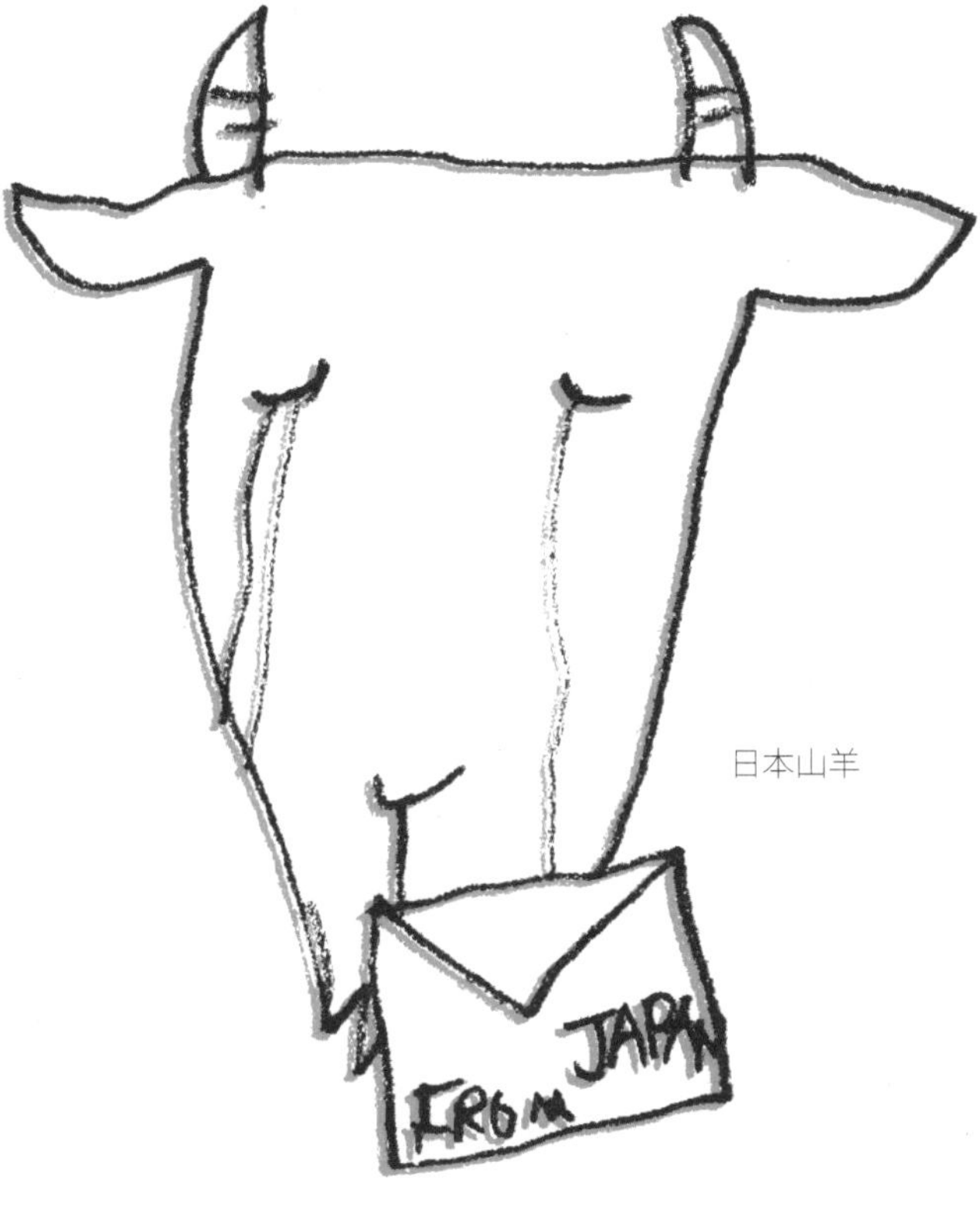

日本山羊

・イメージの乱用

食べ物屋さんのメニューや看板に、明らかにその店の料理ではない写真を使っていることがありますね。雑誌等から勝手にとってきて使うのは、思ってたのと違う！ということになります。笑えるけどびっくりです。

「不會全部被吃光了吧…」

「全部喰ってたんかよ…」

・送禮最好選輕巧的

送禮最好是輕巧簡單的東西，比起質更重視量的台灣人似乎總是想送很大能陪伴終生的東西。請站在收禮的人的角度想一想，他們可是得長途搬運回去。此外，最好是拿回家後，能用能吃然後自然消失的東西。裝飾品完全出局，日本風的房子根本不適合擺放中國風的飾品。但是，好不容易收到的禮物，又不能丟掉，最後變成令人困擾的麻煩物品。送消耗品的茶葉時，不要送「大包便宜」的東西，「少量質佳」的最好。先站在對方的立場去想，如果自己收到這樣的禮物會不會高興。禮物重質不重量。送禮可是關乎個人的品味。

・英文名字

用英文名字也沒有什麼不好，但還是有點抗拒，要是英文很棒也就算了。但是，亞洲人的肥短身材，扁平的臉，硬要我叫他們「Mark」或是「Cathy」，實在很難調適。雖然用英文名字沒什麼不好，但除了日本人，其他外國人也都這麼認為，所以我順便在這裡提出這一點。

・プレゼントはコンパクトに

贈り物は、小さく、軽く、シンプルに。質より量傾向の台湾人は、デカくて一生残る物を贈りたがりますね。頂いた方が長い道のりを持って帰ることを想像して、よく考えてみましょう。なるべく持って帰ったら使ったり食べたりして消えてしまう物が適当です。置物系はアウト。日本の家に中華風の置物が合うワケがない。でも、せっかくのプレゼントだと思うと捨てられないので、あなたのあげたモノは、邪魔になり困られる。消耗するものとしてお茶をプレゼントするにしても「安物をドバッ」より、「いい物を少し」が適当。まずは、自分が貰って嬉しいものかどうか、相手の立場に立って考えみて。プレゼントは、量より質。贈り物はあなたのセンスを問われちゃいますよ。

・イングリッシュネーム

別に使ったっていいけど、抵抗がある。百歩譲って、もの凄く英語が上手だとしよう。しかし、そのアジア人のズングリムックリな身体、ベッタンコな顔で「マーク」だの「キャシー」だのと呼べと言われても、こちらとしても気持ちの整理がつきません。別に使ったっていいけど、日本人以外の外国人もみんなそう思ってるんだよ、という事をここでついでに言っちゃっときます。

請注意日本人的這些地方。

日本人のこんなところに
気をつけましょう。

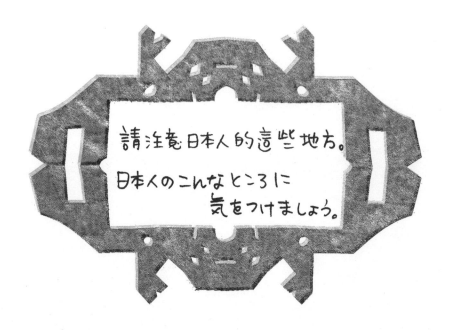

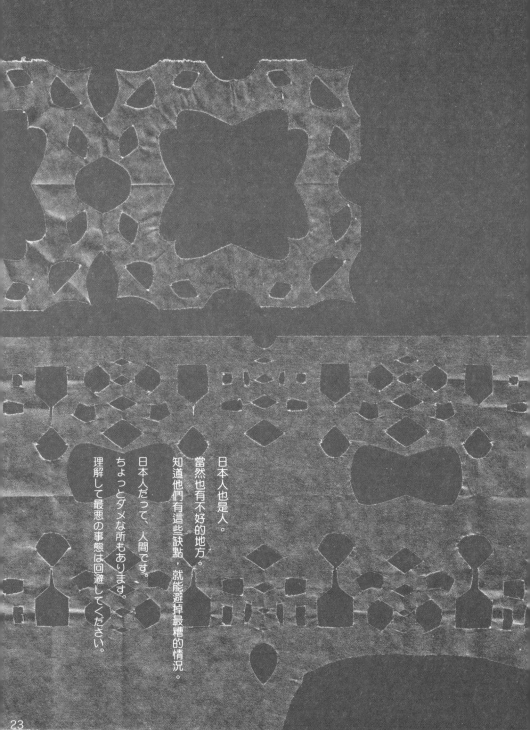

日本人也是人。
當然也有不好的地方。
知道他們有這些缺點，就能避掉最糟的情況。

日本人だって、人間です。
ちょっとダメな所もあります。
理解して最悪の事態は回避してください。

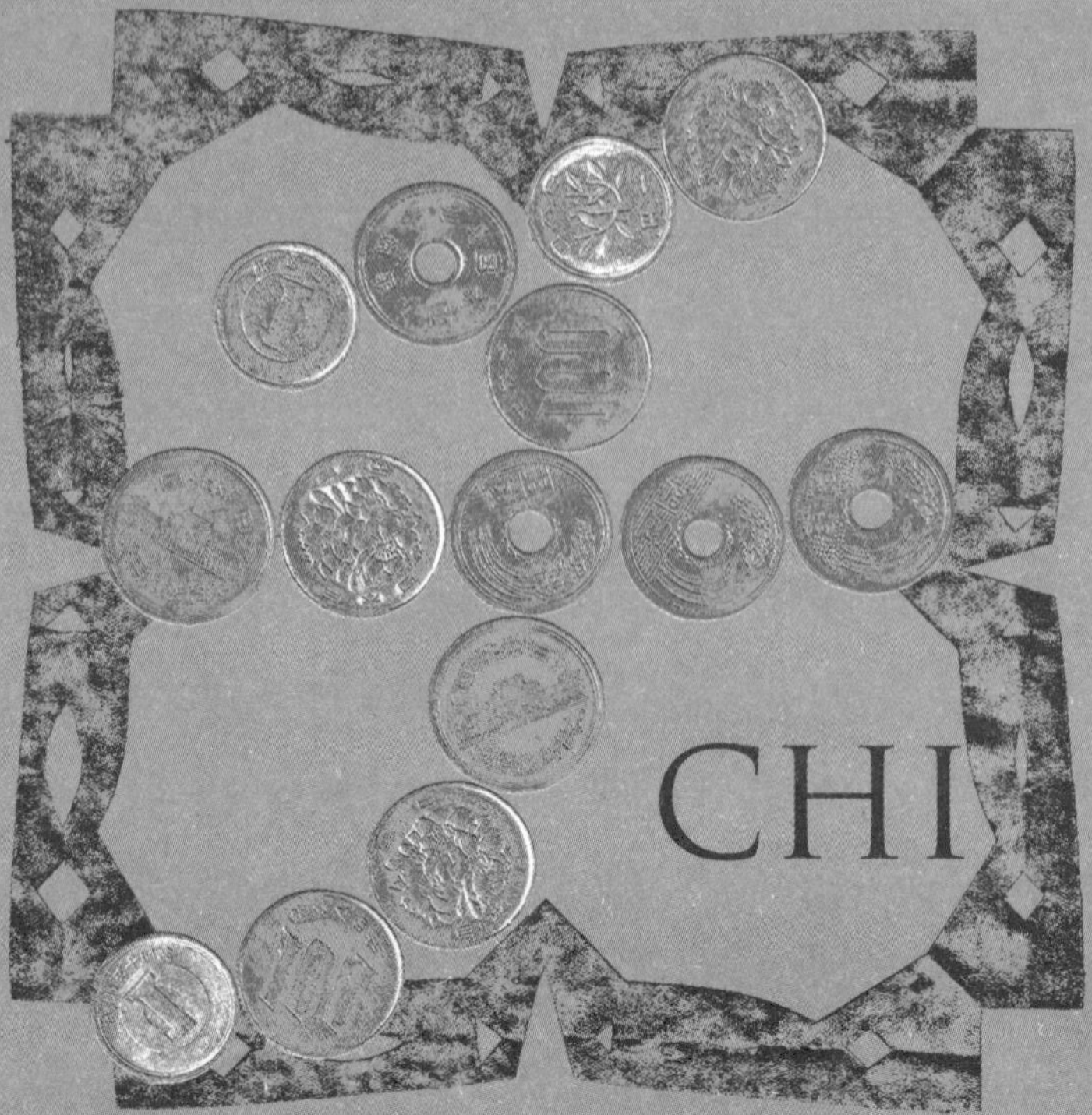

比想像中小氣。

意外とケチ。

在台灣吃飯付帳時大部分都由一個人付，下次吃飯則改為下一個人付，用這種輪流的方式付帳，但在日本則是以人數平分。吃完飯後，大家在收銀機前彎腰駝背掏錢，公開換錢找錢。在日本請客這種行為，通常是對方想回禮、或是有值得慶祝的事、收入多的人請窮的人、可以報公司帳的時候、或中了樂透，總之都有原因，沒有理由請客的情況十分的罕見。因此，如果對方請客時，只要表達自己的感謝之意「多謝招待」就結束了。下次相同的一群人吃飯時，還是回復平分的方式付帳。所以，最好注意請客可能帶來的損失。

ケチ [kechi]＝小氣

けちんぼ [kechinbo]= 小氣鬼

台湾では食事のお会計は、誰か一人が払って皆に御馳走し、次の食事の時は、別の人が払うというローテーション方式を導入してますが、日本は割り勘社会。食後、レストランのレジで皆で背中丸めて割り算し、公衆の面前で札のやりとりをします。日本で奢るという行為は、何かしてもらったお礼とか、お祝い事があるとか、収入が多い者が貧乏人に恵むとか、会社の経費で落とせるとか、宝くじに当たったとか、理由がある事が多いので、何も無くて奢る事は滅多にありません。だから、奢られたら「ありがとう」と感謝の意を表すればそれで終わり。次に同じメンバーで食事をしても、キッチリ割り勘にされます。だから、奢り損に注意です。

1

2

3 摑掌篇
ビンタ編

例如

日本人來台灣時，台灣人每天努力介紹台灣，請日本人吃飯。但相反地，下次前往日本時，基本上只要先和日本人確定行程再去的話，會被招待的可能性較大，如果不是的話，首先無法期望受到同等的對待。他們可能會推說很忙，好的話可能請一次客就很了不起了。這類型的人，也是用一樣的方式對待同樣是日本人的我。在你來台灣時，我雖然很忙還是陪了你好幾天呢！會很想指著對方的鼻孔再連續掌他好幾個巴掌。

還有，帶他們去血拚，看起來很想去，其實卻比想像中買的少。雖然有錢，但比起花錢，他們更喜歡存錢。讓人很想點醒他們，有這麼多錢死了也帶不進棺材裡的。可能是討厭回國時行李變多，或是不想讓屋裡擺滿沒有用的東西，所以比想像中小氣多了。因此，即使帶他們去購物，反而會被要求講價，或是試吃一堆卻買得很少。逛了半天不但完全不買，態度甚至很囂張，此時真的很想穿著尖尖的釘鞋，往他們後腦飛踢過去。

例えば

日本人が台湾に来た時に、台湾人が一生懸命毎日案内して奢りまくります。逆に台湾から日本に行くとき、基本的に日本人の予定を先に確認して行けば、相手にしてくれる可能性が高くなりますが、そうでないと同じような接待はまず、望めません。忙しいとか言います。良くて、一回会ってご飯奢ってくれるくらいです。この手の人は、日本人の私へも平気でこの様にします。コッチだって、忙しいのにあの時台湾で何日もあんたの相手にしたんだよっ！　と鼻の穴に指を突っ込んで往復ビンタを食らわしてやりたくなります。

で、買い物には行きたがるけど、連れてってあげても予想以上に買いません。金は持ってるけど、使うより貯め込むのが好きみたいです。墓場まで金は持っていけないよ、と教えてあげたいです。帰国時の荷物が増える事や、無駄なもので部屋が散らかる事を嫌うのもありますが、意外とケチです。だから、買い物に連れて行くと代わりに値切らされたり、試食をしたがっても大して買わないことがあります。全く買わない上に、態度がでかかったりした時は、トゲトゲのスパイク履いて、後頭部めがけて飛び蹴りしてやりたくなります。

1

2

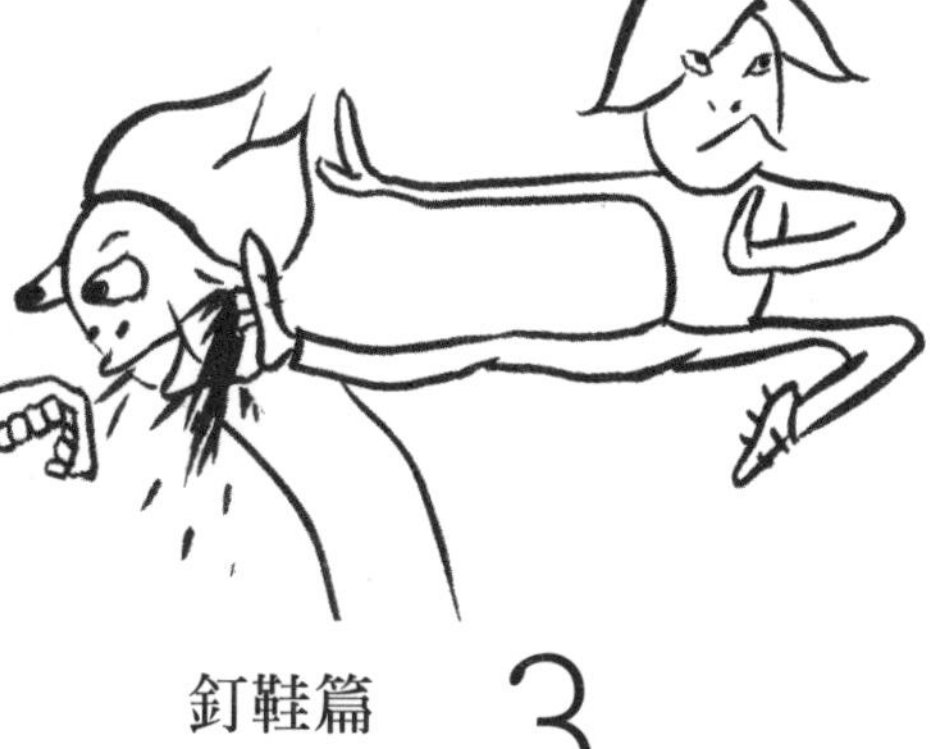

釘鞋篇
スパイク編

3

不能接受突然的行程變更。

突然の予定変更に弱い。

突然被邀請時無法對應。喜歡不論在什麼情況下，做好心理的準備和萬全的準備。討厭突然的狀況，但突然被邀請時卻總是很難回絕。為什麼會這樣？我也很不擅長面對臨時的邀約，以下為就我個人的經驗歸納出的原因。

急にどこかへ誘われても対応できません。心の準備をした、準備万端な状態が好きです。突然が嫌いです。突然誘われても断られる確率が高いです。なぜでしょう？ わたしも突然に弱いので考えてみました。以下は、私の場合で語らせいただきます。

請勿突然叫我出去

アイディア待ち
突然呼び出さないで下さい

・討厭在匆忙之下做準備

因為一慌張一定不會有好事，像是忘了帶東西、跌倒、掉錢包，甚至忘了帶鑰匙就出門，簡直是失誤連連。不，事實上這些事時常發生。在台灣我一年掉過三次錢包，跟在我後面的人可能會賺到。

・無法調整心情

在家懶散地搔著肚皮、腦袋空白時突然被叫出去，很難轉換成外出的心情。和外人見面時盡量想保持最好的狀態，這是我的藝人魂在作祟，雖然我不是藝人。簡單的說，總是希望能在外時，能維持良好的心情。

・慌てて準備するのが嫌

慌てるとろくな事がないから。忘れ物したり、転んだり、財布落としたり、鍵を持つの忘れて家を出たりと失敗しそう。いや、実際よくする。台湾にいると一年に三回も財布落とすから、私の後ろについて歩くと儲かるかも。

・気持ちの切り替えができない

家でお腹でも掻きながら、ぼけーっとしてた時に呼び出されても、お出かけモードにならない。人に会うときはなるべくテンションを上げていたいという、芸人魂が邪魔をする。芸人じゃないけど。というより、いつも外面を良くしていたい、という気持ちがある。

・討厭被之後的預定行程壓迫的感覺

即使被邀請時間閒沒事做，但是心裡卻想著，「今天先悠閒渡日，明天再來做……」，如果行程變更的話，之後的預定計畫就會被打亂，所以覺得討厭。此外，即使沒有做什麼，但其實應該是要努力工作的，此時也會因為良心的苛責而沒有心情玩樂。

・無法隨隨便便

可能的話，不論是什麼事都希望能以最好的狀態來對應。如果隨隨便便做，之後結果令人很不滿意的話，會讓我很沮喪，然後失去鬥志。一旦精神指數下滑，就會開始質疑自己的能力，變得絕望，一蹶不振。如此一來很令人困擾，所以得在事前做好各種準備。

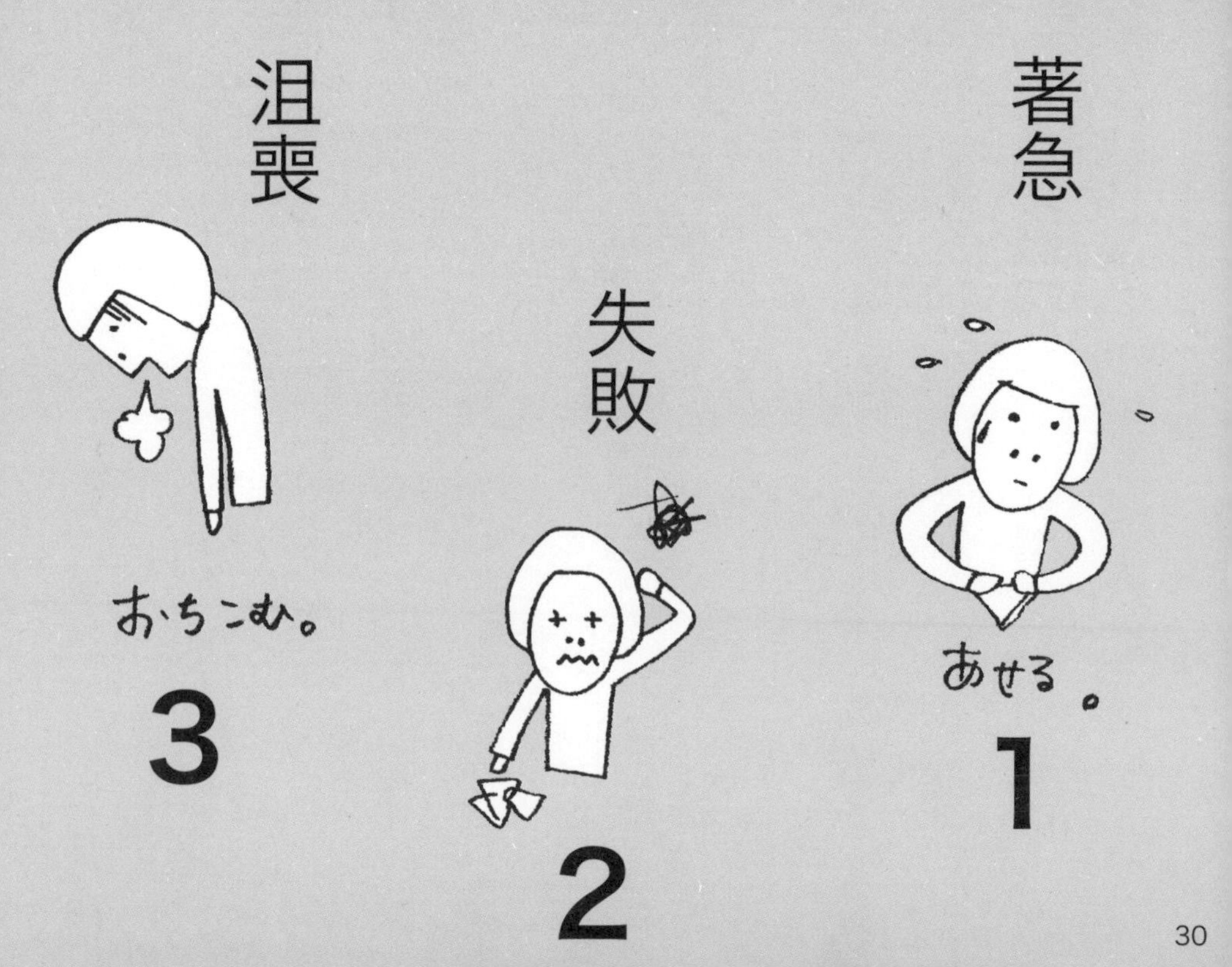

・その後の予定に響くのが嫌
誘いを受けた時に何もしてなくても、「今日はゆっくりして明日〇〇をやろう」とか考えているので、予定が変わると先々の予定が狂ってくるから困る。または、何もしてなくても本当は仕事しなきゃいけけない時間だったりして、良心の呵責があって遊びになんか行けない。

・適当にできない
できれば何をするにも、少しでもいい状態で対応したい。適当にやってしまって、不満足な結果が生まれるとへこむ。その後、様々なことにやる気を失う。精神のバロメーターが下がってる時だと、自分の能力について悩み始め、絶望的になり、長らく落ち込む。そんなになると辛いから、さきに色々準備をしたい。

4 不行了

但是，我的朋友不要在意請多多約我出去。如果沒有人約，就會……

でも、私の友達は気にせずどんどん私を誘い出して下さい。誰からも誘いが無くても、

5 超沮喪

ひどく落ち込む

以上就是我討厭臨時邀約的原因。

依此看來，日本人的膽子實在很小。但台灣人卻很熱心地邀約，讓之後的預定行程變得亂七八糟。再加上日本人無法拒絕別人，內心因而產生激烈的糾葛，這種苦惱甚至會變成憤怒，有時反而會突然爆發。

但是，雖然膽子小喜歡做好萬全的準備，有時卻在需要預約時反而會沒有約定就突然前去。這可能是因為膽子太小所以不敢打電話，或是因為太小氣想節省電話費。（註：我可都會好好預約的）

以上が、私の例から見た突然嫌いの理由。

こんなことから考察しても、日本人は肝っ玉がちっこいと言えます。なのに台湾人が熱心に誘ってきて、予定をグチャグチャにする。すると断れない性分なので、激しい心の葛藤が生じ、その苦しさが怒りになって、時には逆切れしそうになる。

でも逆に、肝っ玉がちっこくて準備万端が好きなのに、予約が必要な所にも予約なしで乗り込んできたりもする。これはたぶん肝っ玉がちっこ過ぎて電話をかけられないか、ケチで電話代が惜しいかどっちか。（注：私はキチンと予約する）

D1
D2
D3
STOP!
EXAMPLES
JAL
日本航空5125便 香港行き
日本航空
Check-in counters for JL5125
(codeshare flight with CX533)
to HONG KONG
are A11~A12
JAPAN AIRLINES
BUSINESS CLASS

結論

この章のまとめ

舉了許多注意事項，請當成參考放在心裡的某個角落就好。
如果全部改了的話就不像台灣人了，就不有趣了。
所以也不用太在意日本人的感覺。
不要想得太嚴重，盡情發揮台灣人的本色。
我在日本出版的書『台灣你好本子』裡，寫了「台灣人總是強迫別人吃」，
還有「會突然邀約」等等，
如果全部改掉了的話，我的書就變成謊言，所以我個人是希望不用改啦。

いろいろ注意事項を挙げましたが、
参考程度に心の片隅に留めておいてください。

全部直したら台湾人じゃないみたいで、面白くないです。

日本人に、気を遣う必要もないです。

気楽に考えて、思う存分台湾人ぶりを発揮してください。

わたしが日本で出した『台湾ニイハオノート』にも「台湾人は食の強要をする」とか書いちゃったし、

「急に誘ってくる」とかも書いちゃったので、
全部直されるとあの本がウソになるから、直さない方が私個人としては都合がいいです。

Lane
XinSheng N. Rd. Sec.2

附錄

這章中沒有放入設計裡的照片。
請運用想像，當成交日本朋友的輔助工具。

この章の中でデザイン上漏れた写真です。
イメージを広げ、日本人のお友達作りに役立ててください。

P18～19

這家店賣沙拉和三明治。沒有賣納豆和壽司。

このお店は、サラダやサンドウィッチを売る店。
納豆や寿司は売っていない。

P13

日本人看了會很高興的
ㄉㄨㄞㄉㄨㄞ現做春捲皮。

日本人が見ると喜ぶ喜ぶ、
ぶよんぶよんさせて作る春巻の皮。

P6～7

住久了會覺得腸子也很好吃。
看起來已經不像日本人了。

長く住むと腸もウマそうに食べちゃう。
もうすでに日本人に見えない日本人。